ROGER LIEBI

Bibel und Wissenschaft

clv

Christliche Literatur-Verbreitung e. V.
Postfach 11 01 35 · 33661 Bielefeld

Roger Liebi

Bibel und Wissenschaft

Die Forschung hat Verspätung

1. Auflage 2013
2. Auflage 2013
3. Auflage 2014
4. Auflage 2014
5. Auflage 2015

Postfach 11 01 35 · 33661 Bielefeld
Internet: www.clv.de

Bildquellen: Fotolia (wenn nicht anders angegeben)
Bildrechte: Heinrich Thanner
Grafiken: Roland Bohner, www.bohner-concept.de, Aach
Titelbild: Matthias Bohner
Satz und Umschlag: Nicole Schärer, Elfingen, Schweiz
Druck und Bindung: www.schreckhase.de

Bestell-Nr. 256.257
ISBN 978-3-86699-257-3

Inhaltsverzeichnis

EINLEITUNG

Bibel und Wissenschaft

»Alle Schrift ist von Gott eingegeben …«

2. Timotheus 3,16

»Das Gesetz des HERRN ist vollkommen, erquickend die Seele; das Zeugnis des HERRN ist zuverlässig, macht weise den Einfältigen. Die Vorschriften des HERRN sind richtig, erfreuend das Herz; …«

Psalm 19,8–9

In diesem Buch geht es um einen Vergleich zwischen Bibel und Wissenschaft. Zahlreiche Entdeckungen in der modernen Forschung waren gar nicht wirklich neu. Man konnte sie vor Jahrtausenden bereits in der Bibel nachlesen. Ausgewählte Beispiele sollen dies auf den folgenden Seiten illustrieren.

Vor einem Vergleich sollte man sich zuerst fragen:
Was ist Wissenschaft, und was ist die Bibel?

Was ist Wissenschaft?
Wissenschaft ist die menschliche Bemühung, die Natur systematisch zu beobachten, zu erforschen und zu beschreiben. Ihre Ergebnisse sind stets vorläufig und begrenzt. »Irren ist menschlich«, das gilt auch hier. In der Wissenschaft macht man jedoch im Allgemeinen kontinuierliche Fortschritte in der Erkenntnis.

Was ist die Bibel?
Gemäß ihrer eigenen Aussage ist die Heilige Schrift Gottes Wort. Sie ist von Gott inspiriert, von Gott eingegeben. Die Bibel ist Gottes direkte Rede in schriftlich fixierter Form. Sie ist vollkommen und irrtumsfrei, nicht nur, wenn sie über Gott und seine Gnade, sondern auch, wenn sie über die Natur und die Geschichte spricht.

Die Bibel ist eine Sammlung von 66 Büchern. Etwa 40 verschiedene Schreiber waren an der Abfassung beteiligt. Sie verwendeten die drei Sprachen Hebräisch, Aramäisch und Griechisch.
Die Bibel wurde in einem Zeitraum von insgesamt rund 1700 Jahren geschrieben, das Alte Testament in der Zeit von 1600 bis 400 v. Chr. (von 1. Mose bis Maleachi), das Neue Testament in den Jahren zwischen 32 und 100 n. Chr.

Die Präzision der Überlieferung des Bibeltextes durch die Jahrtausende hindurch ist einmalig. Die wissenschaftliche Bestätigung der Bibel als historisches Dokument ist ohne Parallele in der gesamten Weltliteratur.

Dieses Buch soll handfeste Argumente für den göttlichen Ursprung der Bibel liefern.

Die Sterne sind unzählbar!

»Wie das Sternenheer
nicht gezählt werden kann …«

Jeremia 33,22 (600 v. Chr.)

»Blicke doch zum Himmel und zähle die Sterne,
wenn du sie zählen kannst!«

1. Mose 15,5b (21. Jahrhundert v. Chr.)

Von bloßem Auge kann man von der nördlichen Erdhalbkugel aus etwa 3000 Sterne sehen. Dasselbe gilt auch für die südliche Hemisphäre. So kann man insgesamt von der Erde aus ohne Hilfsmittel etwa 6000 Sterne als einzelne Lichtpunkte am Firmament erblicken.

Die Bibel sagt jedoch ausdrücklich, dass es für uns Menschen absolut unmöglich sei, die Zahl der Sterne zu ermitteln. So standen früher diese biblischen Aussagen im Widerspruch zur Wissenschaft.
1610 richtete Galileo Galilei als erster Mensch ein Fernrohr zum Himmel. Er kam zum Schluss, dass es etwa 30 000 Sterne geben müsse. Die Teleskope wurden im Laufe der Zeit immer besser. Heute wird die Zahl der Sterne im bisher erforschten Weltraum auf etwa 10^{22} geschätzt (= eine 1 gefolgt von 22 Nullen). Zählen kann man sie nicht. Nur bescheidene Schätzungen sind denkbar.

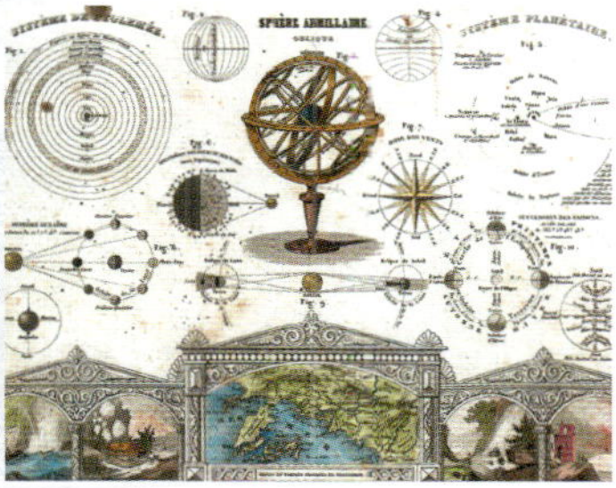

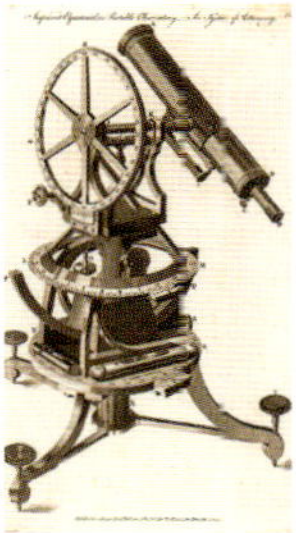

Die Plejaden sind gebunden.

»Kannst du *knüpfen das Gebinde der Plejaden,* oder lösen den Gürtel des Orion?«

Hiob 38,31 (3. Jahrtausend v. Chr.)

Das Buch Hiob erzählt eine Lebensgeschichte aus dem 3. Jahrtausend v. Chr. Gott stellte Hiob die Frage, ob er den Sternenhaufen der Plejaden zusammenbinden könne. Bei den Plejaden handelt es sich um ein Sternbild, bei dem mit unseren Augen 6 bis 9 Sterne gesehen werden können. Mit dem Fernrohr kann man mindestens 1200 Sterne erblicken. Alle diese Sterne bilden einen durch die Schwerkraft zusammengebundenen Haufen, der eine gemeinsame Flugrichtung im All aufweist.

Die meisten der 88 Sternbilder, die in der modernen Astronomie voneinander unterschieden werden, sind Gebilde, deren einzelne Sterne eigentlich nichts miteinander zu tun haben. Von der Erde aus gesehen scheinen sie zusammenzugehören. Doch im Weltall sind diese Sterne in Wirklichkeit im Raum völlig versetzt.

Die Plejaden gehören zu den wenigen Ausnahmen. Diese Sterne sind durch die Schwerkraft direkt »zusammengebunden«. Bei den meisten Sternbildern wäre die Frage »Kannst du knüpfen …?« unangebracht. Doch die Frage an Hiob trifft genau die heute wissenschaftlich nachvollzogene Realität im Fall der Plejaden.

Plejaden im Sternbild Stier.
Der rote Kreis kennzeichnet die Position.

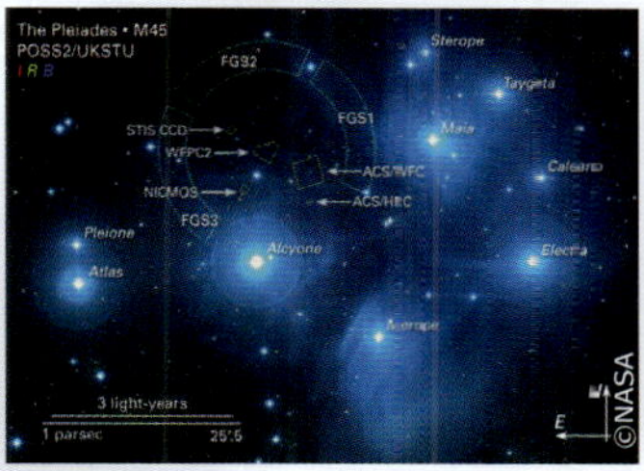

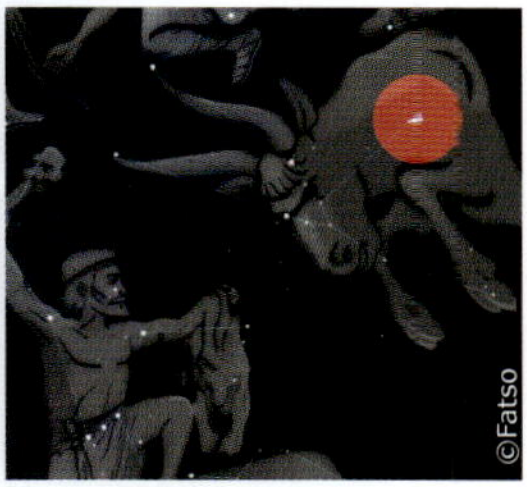

ASTRONOMIE 3

Der Gürtel des Orion löst sich.

»Kannst du knüpfen das Gebinde der Plejaden, oder *lösen den Gürtel des Orion?*«

Hiob 38,31 (3. Jahrtausend v. Chr.)

Das Sternbild Orion, ganz in der Nähe der Plejaden, besteht zur Hauptsache aus 4 markanten Trapezsternen im äußeren Bereich und 3 eng beieinanderliegenden Sternen im Zentrum, die wie ein Gürtel aussehen.

Das menschliche Auge vermag unmöglich wahrzunehmen, was mit modernen wissenschaftlichen Messgeräten festgestellt werden konnte: Diese drei zentralen Sterne fliegen tatsächlich in verschiedene Richtungen. Sie entfernen sich im Weltraum voneinander, ganz im Gegensatz zu den Sternen der Plejaden. Gottes Frage an Hiob trifft die astronomische Tatsache genau: Der Schöpfer forderte Hiob mit der Frage heraus, ob er die drei Gürtelsterne des Orion lösen könne, so wie Gott dies eben kann.

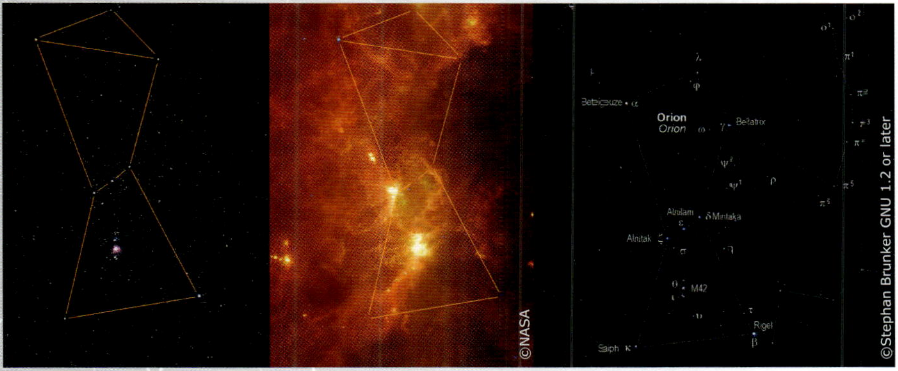

Kernspaltung in der Bibel

»Es wird aber der Tag des Herrn kommen wie ein Dieb, an welchem die Himmel vergehen werden *mit gewaltigem Krachen, die Elemente aber werden im Brand aufgelöst* und die Erde und die Werke auf ihr *verbrannt* werden. … indem ihr erwartet und sorgfältig vorbereitet die Ankunft des Tages Gottes, dessentwegen die Himmel *im Feuer brennend* aufgelöst und die Elemente im Brand zerschmelzen werden.«

2. Petrus 3,10–12 (67 n. Chr.)

Im Jahr 67 n. Chr. beschrieb der Apostel Petrus den Weltuntergang am Ende der Geschichte des Universums. Er sagte, dass dann die Elemente (= die grundlegenden chemischen Teilchen der Materie, die Atome) im ganzen Weltall aufgelöst werden. Dabei soll enorme Energie in Verbindung mit Feuer und unvorstellbarem Krachen entfesselt werden.

In der Wissenschaft war man allerdings seit der Zeit der alten Griechen bis zum Beginn des 20. Jahrhunderts der Meinung, dass die Atome (von griechisch ἄτομος, átomos, »das Unteilbare«) unteilbar seien und deshalb nicht aufgelöst werden könnten.
Im Jahr 1938 gelang jedoch Otto Hahn und Fritz Straßmann in Berlin die wissenschaftliche Entdeckung der Kernspaltung des Urans. Erst seither kann man die biblische Aussage von Petrus auch wissenschaftlich nachvollziehen.

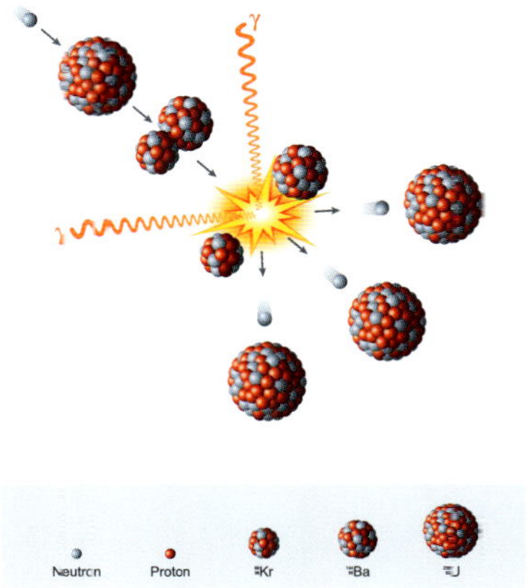

Kernfusion in der Bibel

»Es wird aber der Tag des Herrn kommen wie ein Dieb, an welchem die Himmel vergehen werden ***mit gewaltigem Krachen,*** die Elemente aber werden im Brand aufgelöst und die Erde und die Werke auf ihr ***verbrannt*** werden. … indem ihr erwartet und sorgfältig vorbereitet die Ankunft des Tages Gottes, dessentwegen die Himmel ***im Feuer brennend*** aufgelöst ***und die Elemente im Brand zerschmelzen werden.***«

2. Petrus 3,10 – 12 (67 n. Chr.)

Neben der Spaltung bzw. Auflösung der Atomkerne gibt es noch eine weitere Möglichkeit, wie aus der Materie Energie gewonnen werden kann: durch Verschmelzung (Fusion) der Atomkerne.

Im 2. Petrusbrief wird nicht nur über die Auflösung der Elemente, sondern auch über deren Verschmelzung gesprochen. Dabei wird ebenfalls enorme Energie freigesetzt.
Die Kernfusion wurde erst im 20. Jahrhundert entdeckt, allerdings bereits vor der Kernspaltung. Ernest Rutherford beobachtete als Erster das Phänomen der Kernverschmelzung, als er 1917 mit Alphateilchen experimentierte. 1920 äußerte Arthur Eddington die Vermutung, dass Sterne (Sonnen) ihre Energie durch Kernfusion gewinnen. Nach dem Zweiten Weltkrieg entwickelten der Physiker Edward Teller und der Mathematiker Stanislaw Ulam in den USA eine Kernfusions-Wasserstoffbombe. Am 1. November 1952 wurde die erste Kernfusionsbombe über dem Pazifik gezündet. Damit konnte der konkrete Beweis erbracht werden, dass auch durch Kernfusion enorme Energie freigesetzt werden kann.

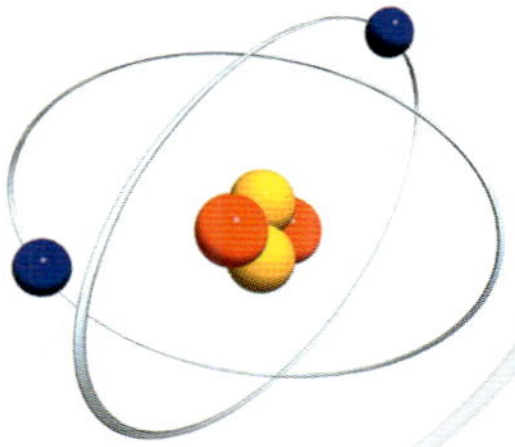

Licht – Bewegung oder Zustand?

»Welches ist der Weg,
auf dem das Licht sich verteilt, …?«

Hiob 38,24 (3. Jahrtausend v. Chr.)

Bis ins 17. Jahrhundert glaubte man in der Wissenschaft, dass Licht ein Zustand sei, so ähnlich wie die Finsternis. Beobachtet man das Licht in der Alltagserfahrung, so gelangt man nicht zur Überzeugung, dass das Licht sich bewegen würde. Zündet man in einem dunklen Raum eine Fackel oder eine Lampe an, so ist das Licht unmittelbar im gesamten Raum – scheinbar absolut gleichzeitig – zu sehen. Eine Bewegung des Lichts ist durch solche Ereignisse nicht wahrnehmbar.

Sir Isaac Newton (1643–1727), einem der größten Physiker der Geschichte, gelang es, die Bewegung des Lichts nachzuweisen. Mit seiner Teilchentheorie beschrieb dieser Gelehrte die Bewegung des Lichts im Raum als unvorstellbar schnelle Abfolge von Lichtteilchen.
Christiaan Huygens (1629–1695) entwickelte die Wellentheorie. Um einen anderen Aspekt der Natur des Lichts darzustellen, beschrieb er die Bewegung des Lichts als eine Welle, die sich im Raum ausbreitet.
Heute wissen wir, dass das Licht sich mit der unfassbaren Geschwindigkeit von ungefähr 300 000 km pro Sekunde fortbewegt.
Im Buch Hiob, in dem eine Lebensgeschichte aus dem 3. Jahrtausend v. Chr. berichtet wird, war die Tatsache der Lichtbewegung schon längst bekannt, indem dort über »den Weg des Lichts« gesprochen wird.

GEOWISSENSCHAFTEN 1

Die Erde über dem Nichts

»Er (Gott)… hängte die Erde auf über dem Nichts.«

Hiob 26,7 b (3. Jahrtausend v. Chr.)

Die alten Babylonier dachten sich die Erde als schwimmendes Boot inmitten des Ozeans.
Die Hindus betrachteten sie von alters her als eine Scheibe, getragen von Elefanten, die auf einer Schildkröte stehen.

1543 legte Kopernikus den Beweis vor, dass die Erde sich als Kugel frei im All bewegt. Sir Isaac Newton (1643–1727) entdeckte das Gravitationsgesetz (Masse zieht Masse an) So konnte er erklären, warum die Erde auf einer bestimmten Bahn rund um die Sonne durch die Schwerkraft im Universum »aufgehängt« ist.
Das Buch Hiob gehört zu den ältesten Büchern der Bibel. Dort wird bezeugt, dass Gott die Erde über dem Nichts aufgehängt habe. Heute wissen wir zudem, dass der interstellare Raum, in dem die Erde »hängt«, ein Vakuum ist. Das entspricht genau der biblischen Aussage von dem »Nichts«.

Unser Sonnensystem

GEOWISSENSCHAFTEN 2

Die Erdkugel

»Er [Gott] ist es, der da thront über der Kugel der Erde, …«

Jesaja 40,22 (700 v. Chr.)

Die Chinesen dachten sich die Erde quadratisch. Die Ägypter sprachen von der Erde als einem Rechteck. Die Babylonier stellten sie sich als schwimmendes Boot vor. Die alten Hindus beschrieben sie als eine von Elefanten getragene Scheibe.

Christoph Kolumbus wollte 1492 in einer Weltumsegelung die Kugelgestalt der Erde beweisen. Der Erste, der es jedoch wirklich schaffte, die Welt auf dem Schiff zu umfahren, war Fernando Magellan (1480–1521). Damit war der klare und direkte wissenschaftliche Beweis der Kugelgestalt unseres Planeten geliefert. Es gab allerdings schon in früheren Zeiten, bis zurück zu den Griechen der Antike, die Auffassung, dass die Erde eine Kugel sei.
In der Bibel wurde die Kugelgestalt aber noch vor den alten Griechen bezeugt. So sprach der Prophet Jesaja bereits um 700 v. Chr. von der Erde als einem Globus (Jesaja 40,22).
Das althebräische Wort »chug«, das Jesaja verwendete, bezeichnet in der Bibel einen dreidimensionalen Kreis. In Hiob 22,14 wird es als Bezeichnung für das »Himmelsgewölbe« verwendet.
In dem Wörterbuch von Benjamin Davidson, Analytical Hebrew and Chaldee Lexicon, S. 249, wird »chug« mit »sphere« (= Kugel) übersetzt. Verschiedene spanische Bibelübersetzungen z. B. geben »chug ha'aretz« in Jesaja 40,22 treffend mit »el globo de la tierra« wieder.

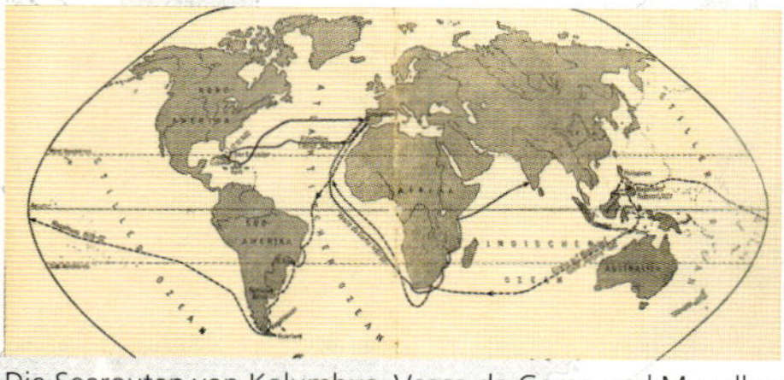
Die Seerouten von Kolumbus, Vasco da Gama und Magellan

Fernando Magellan

GEOWISSENSCHAFTEN 3

Das Gewicht der Luft

»Als er [Gott] dem Wind
ein Gewicht bestimmte, …«

Hiob 28,25 (3. Jahrtausend v. Chr.)

Bis ins 17. Jahrhundert meinten die Wissenschaftler, Luft sei gegenstandslos. »Luft« war gewissermaßen das Synonym für »Nichts«.

Evangelista Torricelli (1608–1647), ein italienischer Mathematiker und Physiker, entwickelte 1643 das Barometer. Damit gelang ihm der Beweis, dass die Luft tatsächlich ein Gewicht hat. Er bestätigte dadurch u. a. die Vorarbeit von Galileo Galilei. Wir stehen durch dieses Gewicht der Luft, der Atmosphäre, unter einem enormen Druck. Aber dieser Druck ist für uns Menschen genau der richtige: Ohne Luftdruck würden wir zerplatzen.
Dank der Bibel konnte man schon vor Jahrtausenden wissen, dass die Luft ein Gewicht hat. Hiob sprach zu seinen Freunden davon, dass Gott anlässlich der Schöpfung der Luft bzw. dem Wind in seiner Weisheit ein ganz bestimmtes Gewicht zugemessen hatte.

Der Wasserkreislauf

»Alle Flüsse gehen in das Meer, und das Meer wird nicht voll; an den Ort, wohin die Flüsse gehen, dorthin gehen sie immer wieder.«

Prediger 1,7 (Salomo; 10. Jahrhundert v. Chr.)

»… [Gott], der Dünste aufsteigen lässt …«

Psalm 135,7 (wohl 11. Jahrhundert v. Chr.)

»Denn er zieht Wassertropfen herauf; von dem Dunst, den er bildet, träufeln sie als Regen, den die Wolken rieseln und tropfen lassen auf viele Menschen.«

Hiob 36,27 (3. Jahrtausend v. Chr.)

Der weise König Salomo beschrieb vor 3000 Jahren den Wasserkreislauf der Erde im Buch Prediger. Er sagte, dass alle Flüsse ihr Wasser ins Meer führen, und dass das Meer trotzdem niemals voll werde, weil dasselbe Wasser denselben Weg über die Flüsse immer wieder neu gehe.

Pierre Perrault und Edme Mariotte entdeckten als Wissenschaftler im 17. Jahrhundert den Wasserkreislauf: Das Wasser wird durch die Flüsse und durch die Grundwasserströme in die Ozeane befördert. Tagtäglich werden durch die Sonnenenergie unvorstellbare Mengen von Wasser verdunstet. Daraus entstehen Wolken, die in großen Mengen durch Winde über das Festland getrieben werden. Dort entleeren sich die Wolken durch Regen. Das Wasser wird wieder durch die Flüsse und die Grundwasserströme in die Ozeane befördert.

Edmond Halley (1656–1742) vermochte nachzuweisen, dass es weltweit zwischen Niederschlag und Verdunstung ein Gleichgewicht gibt.

Die Bibel beschrieb den Wasserkreislauf und seine verschiedenen Phasen bereits Jahrtausende vor der wissenschaftlichen Entdeckung desselben.

GEOWISSENSCHAFTEN 5

Der Windkreislauf

»Der Wind geht nach Süden,
und wendet sich nach Norden;
sich wendend und wendend geht er,
und zu seinen Wendungen
kehrt der Wind zurück.«

Prediger 1,6 (Salomo; 10. Jahrhundert v. Chr.)

König Salomo beschrieb den Kreislauf des Windes von Norden nach Süden und von Süden nach Norden, fast 3000 Jahre bevor George Hadley (1685–1768) das weltweite Windzirkulations-system der Passatwinde in der Hadley-Zelle wissenschaftlich beschreiben konnte.

Zwischen dem nördlichen 30. Breitengrad und dem Äquator (Breitengrad 0) verlaufen die Passatwinde im Kreislauf. Am Äquator wird die Luft erhitzt und bis zu 18 Kilometer in die Höhe geführt. Danach verläuft der Wind in der Höhe in Richtung Norden. Im Bereich des 30. Breitengrades sinkt die inzwischen immer mehr abgekühlte Luft zu Boden und strömt danach in Bodennähe wieder zum Äquator zurück in Richtung Süden.
Dieses Zirkulationssystem im Bereich von 0 bis 30 Grad geografischer Breite bezeichnet man als »Hadley-Zelle«. Weiter nördlich – von 30 bis 60 Grad, und von 60 bis 90 Grad geografischer Breite – gibt es zwei weitere entsprechende Zellen. Auf der Südhalbkugel finden wir spiegelbildlich dazu insgesamt drei weitere solche Windzirkulations-Zellen. Durch die Erdrotation werden die Passatwinde in ihrem Süd-Nord-Verlauf etwas abgedreht.
Solche weltweiten Windkreisläufe gibt es nur in Süd-Nord-, jedoch nicht in West-Ost-Richtung. Dieser wissenschaftlichen Tatsache entsprechend, spricht die Bibel auch nur über ein Süd-Nord-Kreislaufsystem.

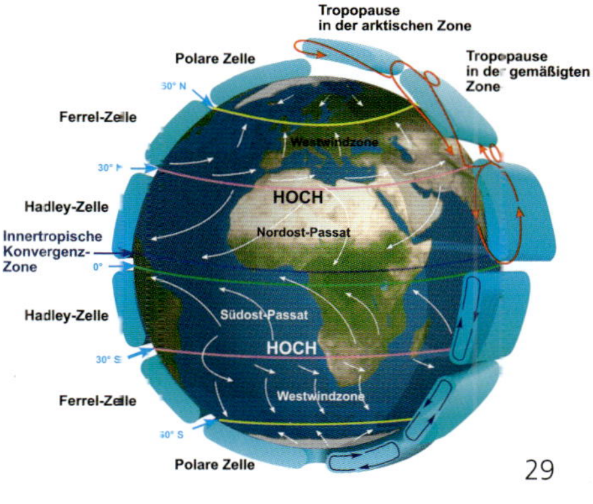

GEOWISSENSCHAFTEN 6

Kreislauf der Meeresströmungen

»So spricht der HERR, der einen Weg gibt im Meer, und einen Pfad in mächtigen Wassern; …«

Jesaja 43,16 (700 v. Chr.)

»… und die Fische des Meeres, [alles] was die Pfade der Meere durchzieht.«

Psalm 8,9 (David; 11. Jahrhundert v. Chr.)

Matthew Fontaine Maury (1806–1873) gilt als der Vater der wissenschaftlichen Erforschung der Weltmeere (Ozeanografie). Er las in der Bibel, dass es »Wege im Meer« gibt und dass Fische solche Wege durchziehen.

Dies führte ihn dazu, nach solchen Wegen zu forschen. Er entdeckte schließlich, dass es in den Ozeanen ein weltweites Netz von Strömungen gibt, das sogenannte »globale Förderband«. Es handelt sich um ein gigantisches Wasserkreislaufsystem, zu dem auch der Golfstrom gehört.
Diese Strömungen in den Ozeanen werden durch verschiedene Kraftquellen bewirkt: Winde, Gezeiten, Erdrotation, Temperatur- und Salzgehaltunterschiede.
Die Ozeanströme enthalten besonders viele Nährstoffe und Plankton. Deshalb konzentriert sich die Fischwelt sehr stark auf diese Wege im Meer.
Die Kenntnis der Lage der Meeresströmungen war von entscheidender Bedeutung für die Optimierung der Schifffahrt und der Fischerei.

BIOLOGIE 1

Der Hase käut doch wieder …

»Nur diese sollt ihr nicht essen von den wiederkäuenden [Tieren] … den Hasen, denn er käut wieder, aber er hat keine gespaltenen Hufe: Unrein soll er euch sein; …«

3. Mose 11,4.6 (1605 v. Chr.)

Die Bibel sagt im Zusammenhang mit ihren Anweisungen über koschere[1] Fleischnahrung, dass Hasen wiederkäuen.

Bis 1882 galt diese Aussage von Mose aus dem Jahr 1605 v. Chr. für Kritiker als ein Beispiel für einen Irrtum der Bibel im Bereich der Biologie. »Hasen und Kaninchen sind doch keine Wiederkäuer, sie haben auch nur einen Magen, nicht deren vier wie Schafe, Kühe und Ziegen!« So argumentierten Skeptiker gegen die Bibel.
1882 wurde die um jene Zeit entdeckte Spezialform des Wiederkäuens (Caecotrophie) zum ersten Mal in einer französischen Tierärztezeitschrift wissenschaftlich beschrieben. Hasen und Kaninchen bilden im Blinddarm weiche vitaminhaltige grüne Kügelchen, die sie nachts ausscheiden und gewöhnlich sogleich an der Austrittsstelle wieder aufnehmen und verschlucken. Beim zweiten Durchgang können so wertvolle Bestandteile der Nahrung aufgenommen werden, trotz der Härte der Zellulose. Hindert man diese Tiere an dieser Spezialform des Wiederkäuens, sterben sie innerhalb kurzer Zeit. Die Wissenschaft hat in diesem Fall 3500 Jahre Verspätung gehabt.

[1]Nach jüdischem Gesetz »rein«, »unbedenklich«, »genießbar«.

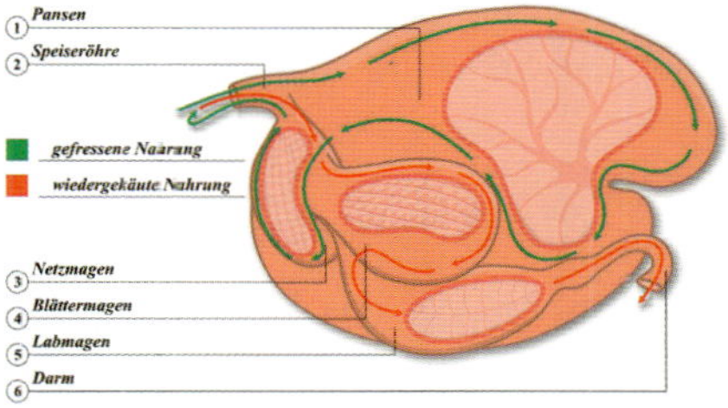

Wiederkäuermagen

BIOLOGIE 2

Die Ameise legt doch Wintervorräte an …

»Geh hin zur Ameise, du Fauler,
sieh ihre Wege und werde weise.
Sie, die keinen Richter, Vorsteher und Gebieter hat,
sie bereitet im Sommer ihr Brot,
hat in der Ernte ihre Nahrung eingesammelt.
Bis wann willst du liegen, du Fauler?
Wann willst du von deinem Schlaf aufstehen?«

Sprüche 6,6–9 (Salomo; 10. Jahrhundert v. Chr.)

»… die Ameisen, ein nicht starkes Volk, und doch bereiten sie im Sommer ihre Speise; …«

Sprüche 30,25 (Agur Ben Jaqeh; 1. Hälfte des 1. Jahrtausends v. Chr.)

Bei den in der Bibel erwähnten Ameisen handelt es sich um Ernteameisen mit dem wissenschaftlichen Gattungsnamen »Messor«.

Unter den zahlreichen verschiedenen Ameisenarten in Israel ist die Gattung Messor am häufigsten anzutreffen. Die Bibel sagt von ihnen, dass sie Wintervorräte anlegen und damit ein Vorbild für gute Vorsorge im Blick auf schwierige Zeiten sind. Bis ins 19. Jahrhundert wurde in der Wissenschaft immer wieder behauptet, dass die Bibel in diesem Punkt irre.

Doch die Wissenschaftler J.T. Moggridge und H. McCook entdeckten um 1880, dass nicht die Bibel, sondern die Wissenschaft sich im Irrtum befand. Diese Ameisen legen tatsächlich Wintervorräte an, und zwar in speziellen dafür eingerichteten trockenen Kammern im Boden.

Arbeiterin der Ameisengattung Messor

Schematischer Aufbau einer Ameise

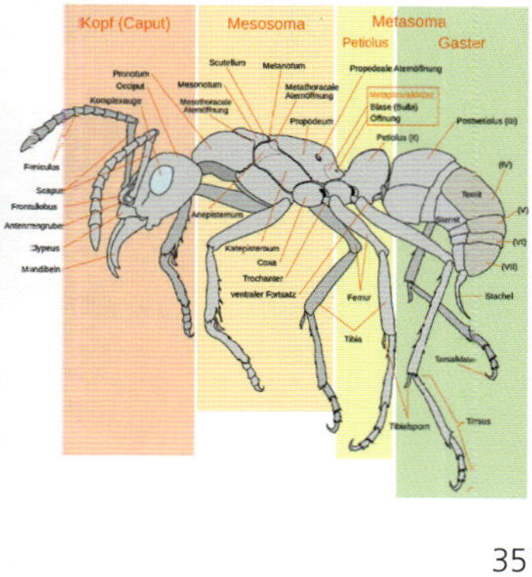

Am Anfang doch kein winziges Männlein …

»Meinen ungeformten Knäuel sahen deine Augen, und es waren alle Lebenstage in dein Buch eingeschrieben, die vorherbestimmt waren, als derselben noch keiner war.«

Psalm 139,16 (David; 11. Jahrhundert v. Chr.)

Erst 1677 wurde in der Wissenschaft die Existenz männlicher Samenzellen mithilfe eines Mikroskops nachgewiesen.

Dies geschah durch den Medizinstudenten Johannes Ham. Doch bis ins 19. Jahrhundert hinein glaubten viele Forscher, dass die Samenzelle des Mannes in ihrem Inneren das Aussehen eines ganz kleinen Menschleins aufweise. Sie stellten sich vor, dass dieses »winzige Männlein« nach der Zeugung im Mutterleib kontinuierlich heranwachse, bis es nach ungefähr neun Monaten als etwa 50 cm großes Baby auf die Welt komme. Schlechte Mikroskope und blühende Fantasie führten zu solchen Ergebnissen.

Heute wissen wir, dass der männliche Same eine Zelle ist, die sich bei der Empfängnis mit der weiblichen Geschlechtszelle, dem Ei, vereinigt. Das befruchtete Ei wandert danach durch den Eileiter. Etwa 36 Stunden nach der Befruchtung setzt im Eileiter die erste Zellteilung ein. Diese findet in der Folge etwa zweimal pro Tag statt. So bildet sich am Anfang ein Zellknäuel, und erst nach einiger Zeit beginnen sich Furchen zu bilden. In einem unvorstellbar komplizierten Prozess entwickeln sich in der Folge die verschiedenen Organe und Körperteile.

König David wusste schon im 11. Jahrhundert v. Chr., dass der Mensch in seinem ganz frühen Entwicklungsstadium die Form eines Knäuels aufweist. Als er über seine Entwicklung im Mutterleib sprach, verwendete er als Beschreibung dieses Frühstadiums das hebräische Wort »golem«, das »ungeformter Knäuel«, »ungeformte Masse« oder »unentwickelte Masse« bedeutet.

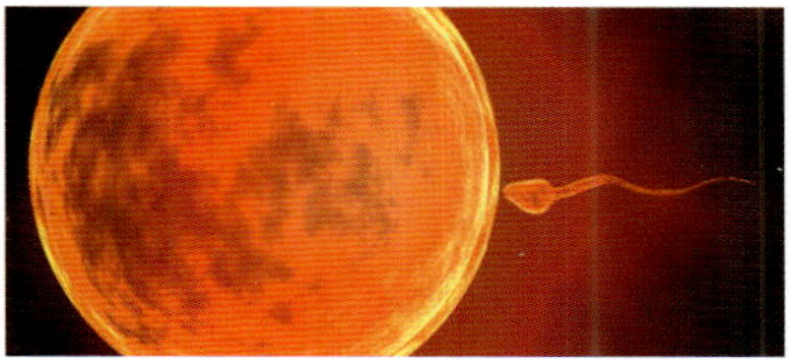

BIOLOGIE 4

Die Beschneidung am 8. Tag

»Und am achten Tag soll das Fleisch seiner Vorhaut beschnitten werden.«

3. Mose 12,3 (1605 v. Chr.)

»Und acht Tage alt soll alles Männliche bei euch beschnitten werden nach euren Geschlechtern, …«

1. Mose 17,12 (2012 v. Chr.)

Im Gesetz Moses war vorgeschrieben, dass alle männlichen Kinder als Zeichen ihrer Zugehörigkeit zum Volk Israel am 8. Tag nach der Geburt beschnitten werden sollten. Warum ausgerechnet am 8. Tag und nicht davor oder sogar Jahre danach?

Vom 1. bis 5. Tag nach der Geburt besitzt der Mensch noch sehr wenig Prothrombin im Blut. Prothrombin ist ein Gerinnungseiweiß. Bei Verletzungen wird das Blut dadurch dickflüssig und so kann die Wunde geschlossen werden. Eine Beschneidung vor dem 8. Tag wäre sehr gefährlich. Das Kleinkind könnte dabei verbluten. Am 3. Tag z. B. hat der Mensch erst 30 % des normalen Prothrombin-Gehalts im Blut. Jeden weiteren Tag wird der Prozentsatz erhöht. Am 8. Tag hat der Mensch 110 % Prothrombin; am 9. Tag geht sein Gehalt wieder herunter auf 100 %. Und so bleibt es für die weitere Zeit. Der 8. Tag ist somit der ideale Tag für die Beschneidung.
Das konnte man in der modernen Wissenschaft aber erst im 20. Jahrhundert nachvollziehen. Der chirurgische Eingriff der Beschneidung beim Säugling am 8. Tag hinterlässt keine bewusste Erinnerung. Diese Erkenntnis macht verständlich, warum die Beschneidung nicht erst Jahre nach der Geburt vollzogen werden sollte.

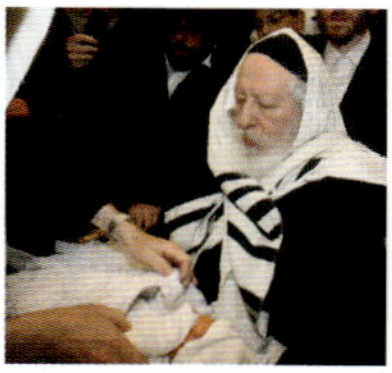

Blutgerinnung

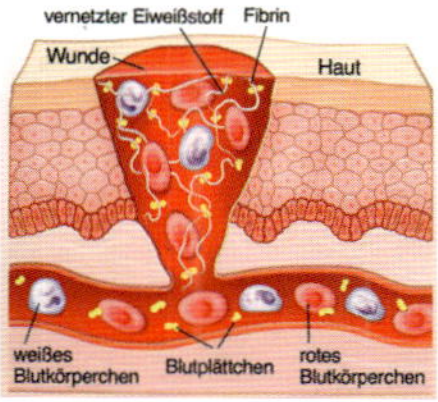

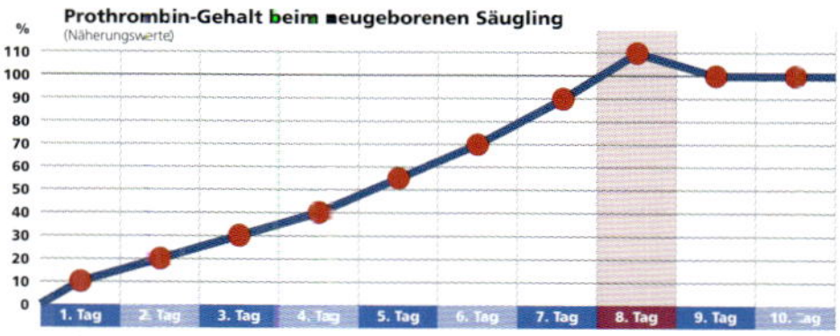

ÖKOLOGIE 1

Nicht gleichzeitig verschiedene Pflanzen

»Meine Satzungen sollt ihr beobachten. … dein Feld sollst du nicht mit zweierlei Samen besäen, …«

3. Mose 19,19 (1605 v. Chr.)

»Du sollst deinen Weinberg nicht mit zweierlei Samen besäen, …«

5. Mose 22,9 (1566 v. Chr.)

Als das Volk Israel nach dem Auszug aus Ägypten 40 Jahre lang in der Wüste lebte, wurde es durch Mose auf die künftige Bebauung des verheißenen Landes vorbereitet. So war es ihnen verboten, ihre Felder gleichzeitig mit zwei verschiedenen Pflanzen zu besäen.

Aus der Sicht der modernen Ökologie ist dies heute gut verständlich: Mehrjährige Pflanzen, wie Weinstöcke und Olivenbäume, und einjährige Pflanzen, die jedes Jahr neu gesät werden müssen, wie z. B. Getreide, sollten normalerweise nicht zusammen angebaut werden. Wenn man diese Regel beachtet, verhindert dies eine zu starke Auslaugung des Bodens.

3 Jahre Schonzeit

»Und wenn ihr in das Land kommt und allerlei Bäume zur Speise pflanzt, so sollt ihr ihre erste Frucht als Unreinheit achten; drei Jahre sollen sie euch als unrein gelten, es soll nichts von ihnen gegessen werden; …«

3. Mose 19,23 (1605 v. Chr.)

Mose musste anordnen, dass die Früchte von neu gepflanzten Bäumen im Land Israel während der ersten drei Jahre nicht gegessen werden durften.

Der Sinn dieses Gebots wird durch die moderne Ökologie klar: Die Biomasse der Früchte, die nicht gegessen wurden, fiel auf den Boden und wurde während der ersten drei Wachstumsjahre der Bäume dem Ökosystem wieder zugeführt. Dies führte zu vermehrter Humusbildung und erhöhter Kapazität der Wasserspeicherung im Boden. Das alles hatte zur Folge, dass die Fruchtbäume schließlich größer und stabiler wurden und so in den weiteren Jahren höhere Ernteerträge lieferten.

ÖKOLOGIE 3

Sabbatjahr

»Und sechs Jahre sollst du dein Land besäen
und seinen Ertrag einsammeln;
aber im siebten sollst du es ruhen und liegen lassen,
dass die Armen deines Volkes davon essen;
und was sie übrig lassen, sollen die Tiere des Feldes fressen.
Desgleichen sollst du mit deinem Weinberg tun
und mit deinem Olivenbaum.«

2. Mose 23,10–11 (1606 v. Chr.)

Die Landwirtschaft Israels wurde durch die Bibel in einem Sieben-Jahres-Zyklus organisiert. Sechs Jahre lang sollte man jeweils die Felder bestellen. Im siebten Jahr, das war das Sabbatjahr, mussten die Felder brach liegen gelassen werden.

Alle sieben mal sieben Jahre (alle 49 Jahre) folgte auf das Sabbatjahr das sogenannte Jubeljahr, in dem die Felder ein weiteres Jahr brach liegen gelassen werden mussten.
Die Befolgung dieser Gebote erforderte früher viel Glaube. Im Licht der modernen Ökologie ist das alles heute gut verständlich:
Diese Ruhejahre führten zu einer Regeneration, zu einer Erholung des Bodens. Das hatte eine Wiederauffüllung der Humusschicht zur Folge. Dadurch konnten in den weiteren Jahren viel größere Ernteerträge eingebracht werden.

Wiederkäuende Paarhufer als Nahrung

»Redet zu den Kindern Israel und sprecht:
Dies sind die Tiere, die ihr essen dürft von allen Tieren, die auf der Erde sind.
Alles, was gespaltene Hufe, und zwar ganz gespaltene Hufe hat, und wiederkäut unter den Tieren, das dürft ihr essen. Nur diese sollt ihr nicht essen von den wiederkäuenden und von denen, die gespaltene Hufe haben: das Kamel, … und den Klippendachs, … und den Hasen, … und das Schwein, denn es hat gespaltene Hufe, und zwar ganz gespaltene Hufe, aber es käut nicht wieder: Unrein soll es euch sein.«

3. Mose 11,2–7 (1605 v. Chr.)

In 3. Mose 11 wird detailliert erklärt, welche Tiere die Israeliten essen durften und welche nicht. Die Tiere, die gegessen werden durften, wurden als »rein« bezeichnet, die anderen als »unrein«.

Von den Säugetieren waren nur Wiederkäuer, die gleichzeitig Paarhufer (Tiere mit gespaltenen Hufen) sind, als Nahrung erlaubt (d. h. also z. B. Kühe, Schafe, Ziegen, Rehe, Hirsche usw.). Diese Tiere weisen in ihren Mägen eine reiche Bakterienflora zur Aufspaltung und Verwertung der härtesten Gräser auf. Sie leben von Futter, das für die Menschen unbrauchbar ist. Dies ist sehr wichtig bei beschränkten Ressourcen! Im Gegensatz dazu fressen z. B. Schweine auch all das, was Menschen mögen.
In der modernen Wissenschaft hat man festgestellt, dass wiederkäuende Spalthufer grundsätzlich weniger für Krankheitserreger anfällig sind als viele andere Säugetiere, wie z. B. Schweine. Die Vermeidung von gefährdetem Fleisch hat in heißen Gebieten wie im Nahen Osten besondere Bedeutung. Die Anweisungen in der Bibel erweisen sich als geradezu ideal für eine gesunde Fleischernährung in Israel.

Fische, aber keine Frösche …

»Dieses dürft ihr essen von allem, was in den Wassern ist: Alles, was Flossen und Schuppen hat in den Wassern, in den Meeren und in den Flüssen, das dürft ihr essen; aber alles, was keine Flossen und Schuppen hat in den Meeren und in den Flüssen, von allem Gewimmel der Wasser und von jedem lebenden Wesen, das in den Wassern ist, sie sollen euch ein Gräuel sein; ja, ein Gräuel sollen sie euch sein: Von ihrem Fleisch sollt ihr nicht essen, und ihr Aas sollt ihr verabscheuen.«

3. Mose 11,9–11 (1605 v. Chr.)

In 3. Mose 11 wird erklärt, welche Wassertiere zum Essen rein (koscher) waren: alle Fische mit Schuppen und Flossen. Alle anderen Tiere wie z. B. Frösche und andere Amphibien durften nicht als Nahrungsmittel verwendet werden.

Die Tiere, die nicht gegessen werden durften, waren somit geschützt. Diese Anweisungen waren unter anderem ein idealer Schutz gegen Malaria. Frösche und andere Amphibien fressen die Mücken, welche Malaria übertragen.
Ein Beispiel aus der heutigen Zeit illustriert die Bedeutung dieser Anweisung: Bangladesch exportierte ab ca. 1975 in großen Mengen Froschschenkel nach Frankreich. Dies führte in Bangladesch zu einer dramatischen Malariaplage. Gebiete, die früher keine Malaria kannten, sind dadurch verseucht worden.

Geschützte Vögel

»Und diese sollt ihr verabscheuen von den Flugtieren;
sie sollen nicht gegessen werden, ein Gräuel sind sie:
den Königsadler und den Lämmergeier
und den Seeadler, und den Milan
und den Falken nach seiner Art, alle Raben nach ihrer Art,
und die Straußhenne und den Straußhahn
und die Seemöwe und den Habicht nach seiner Art, und den Steinkauz und den Kormoran und den Uhu, und die Nachteule und den Pelikan und den Aasgeier, und den Storch und den Fischreiher nach seiner Art, und den Wiedehopf und die Fledermaus.«

3. Mose 11,13–19 (1605 v. Chr.)

3. Mose 11,13–19 erläutert, welche Flugtiere (Vögel und Fledermäuse) vom Volk Israel nicht gegessen werden durften. Wenn man die Nahrungsauswahl der geschützten Tiere mit derjenigen der für die Speise freigegebenen vergleicht, fällt auf, dass dahinter ein ökologisches Konzept zu finden ist.

Geschützt (nicht zur Speise freigegeben)

- Raubvögel: Vögel, Säugetiere, Mäuse, Ratten
- Geier: Aas
- Störche: Fische, Frösche, Mäuse, Insekten
- Reiher, Kormorane: Fische, Frösche, Mäuse
- Strauße: Pflanzen, Insekten (inkl. Heuschrecken)
- Möwen: Fische, Mäuse
- Eulen, Uhus: Vögel, Säugetiere, Ratten, Mäuse
- Raben, Krähen: Allesfresser, Aas
- Wiedehopfe: Insekten, Heuschrecken
- Fledermäuse: große Insekten

Freigegeben zur Speise

- Gänse: Blätter, Samen
- Enten: Blätter, Samen, Fische
- Tauben: Blätter, Samen
- Fasane: Blätter, Samen
- Rebhühner: Blätter, Samen
- Singvögel: Blätter, Samen, kleine Insekten
- Eisvögel: Fische, Insekten
- Sandflughühner: Blätter, Samen

Die geschützten Vögel, die Aas fressen, sind Gesundheitspolizisten. Ökologisch gesprochen, führen diese Tiere Nährstoffe von verdorbenem Fleisch zurück in den ökologischen Kreislauf. Die Ratten- und Mäusefresser wirken als Schutz vor Pest (Mäuse und Ratten verbreiten Pestbakterien). Die Heuschreckenfresser waren von Nutzen im Kampf gegen Heuschreckenplagen, die von Ostafrika ausgehend Israel immer wieder gefährdeten.

Rotmilan

ÖKOLOGIE 7

Nachhaltigkeit und Krieg

»Wenn du eine Stadt viele Tage belagern wirst, indem du Krieg gegen sie führst, um sie einzunehmen, so sollst du ihre Bäume nicht verderben, indem du die Axt gegen sie schwingst (du darfst jedoch davon essen), aber du sollst sie nicht abholzen; …«

5. Mose 20,19 (1566 v. Chr.)

Das Gesetz Moses untersagte im Blick auf Kriege die ökologische Zerstörung der Umwelt durch das Abholzen der Bäume.

Die alten Römer kannten kein solches Gebot. Als Folge verübten sie wiederholt eine »Politik der verbrannten Erde« und zerstörten so ganze Landstriche, die dadurch zu unansehnlichen Wüsten transformiert wurden. Durch diese Art von militärischer Operationsführung können Hungersnöte und andere verheerende Folgen für die Zivilbevölkerung ausgelöst werden. Im Verlauf der gesamten Geschichte bis in unsere Epoche wurde diese üble Taktik immer wieder in Kriegen angewandt. Ab 1907 wurde die Politik der verbrannten Erde durch die Haager Landkriegsordnung als völkerrechtswidrig geächtet.

»Politik der verbrannten Erde« von Saddam Hussein in Kuwait (1991)

HYGIENE UND MIKROBIOLOGIE 1

Reinigung von Aas-Bakterien durch Waschen

»Diese sollen euch unrein sein unter allem Kleingetier. Jeder, der sie anrührt, wenn sie tot sind, wird unrein sein bis an den Abend. Und alles, worauf eines von ihnen fällt, wenn sie tot sind, wird unrein sein: Jedes Holzgerät oder Kleid oder Fell oder Sack, jedes Gerät, womit eine Arbeit verrichtet wird, es soll ins Wasser getan werden und wird unrein sein bis an den Abend. Dann wird es rein sein.«

3. Mose 11,31–32 (1605 v. Chr.)

»Hygiene« wird durch die Deutsche Gesellschaft für Hygiene und Mikrobiologie wie folgt definiert: »Lehre von der Verhütung der Krankheiten und der Erhaltung, Förderung und Festigung der Gesundheit«.

Jahrtausende vor der Entdeckung moderner Hygienemaßnahmen durch die Wissenschaft lehrte die Bibel solche Verhaltensanweisungen.

Das Gesetz Moses lehrte, dass der Kontakt von toten Tieren mit Gebrauchsgegenständen und Kleidern zu Verunreinigung führt, die allerdings durch das Waschen mit Wasser wieder beseitigt werden konnte.

Im Licht der modernen Hygiene und Mikrobiologie können wir Jahrtausende später diese Anweisungen gut verstehen und nachvollziehen: Der tote Körper, z. B. einer Maus oder einer Ratte, enthält giftige und sehr schädliche Bakterien. Durch Kontakt damit können verunreinigte Gegenstände jedoch durch das Waschen mit Wasser von diesen Bakterien gereinigt werden, sodass man sie danach ohne Probleme wieder in Gebrauch nehmen kann.

HYGIENE UND MIKROBIOLOGIE 2

Reinigung von Aas-Bakterien durch Entsorgung und Zerstörung

»Und jedes Tongefäß, in welches eines von ihnen hineinfällt: Alles, was darin ist, wird unrein sein, und es selbst sollt ihr zerbrechen. Alle Speise, die gegessen wird, auf welche solches Wasser kommt, wird unrein sein; und alles Getränk, das getrunken wird, wird unrein sein in jedem solchen Gefäß.«

3. Mose 11,33–34 (1605 v. Chr.)

Gemäß den Hygienevorschriften von 3. Mose 11 musste ein Tongefäß zerstört werden, wenn ein totes Tier in das darin enthaltene Wasser hineingefallen war. Solches Wasser durfte nicht mehr getrunken werden. Speise, die mit solchem Wasser in Berührung gekommen war, durfte nicht mehr gegessen werden.

Was früher unverständlich schien, ist im Licht moderner Mikrobiologie völlig klar: Körperflüssigkeiten, z. B. einer toten Maus, können sich tief in den Poren eines Tongefäßes festsetzen. Auch wenn ein solches Tongefäß im Wasser gescheuert wurde, blieben diese Bakterien darin haften. Ein in dieser Weise verunreinigtes Tongefäß wurde daher unbrauchbar und musste durch Zerstörung aus dem Verkehr gezogen werden.

Im Gegensatz dazu wurde jedoch in 3. Mose 6,21 gelehrt, dass ein Metallgefäß, das unrein geworden war, nach Scheuern und Spülen im Wasser wiederverwendet werden konnte. Im Metall können sich Bakterien nämlich nicht so einnisten wie in den Poren eines Tongefäßes.

Flüssigkeiten wurden durch die genannten Bakterien ganz verunreinigt. Zudem wurden durch sie die Infekte auslösenden Bakterien verbreitet. Deshalb durfte man diese Flüssigkeiten nicht mehr trinken.

Bakterien und Saatgut

»Und wenn von ihrem Aas auf irgendwelchen Saatsamen fällt, der gesät wird, so ist er rein; wenn aber Wasser auf den Samen getan wurde, und es fällt von ihrem Aas auf denselben, so soll er euch unrein sein.«

3. Mose 11,37–38 (1605 v. Chr.)

In 3. Mose 11 findet sich die überraschende Lehre, dass Kontakt von Aas mit Saatsamen zu keiner Verunreinigung führe, außer die Samen standen zuvor im Kontakt mit Wasser.

Vor der Entdeckung der Bakterien im 19. Jahrhundert konnte man an dieser Stelle einfach voll Verwunderung fragen: Warum verunreinigt Aas keine Saatsamen, während alle möglichen Gegenstände des Alltags sehr wohl durch Kontakt mit toten Tieren im Verwesungsprozess verunreinigt werden? Man musste damals einfach glauben, dass Gottes Wort stimmt, auch wenn man es mit seiner eigenen beschränkten Logik nicht nachvollziehen konnte.

Heute verstehen wir das problemlos. Bakterien können normalerweise Samen nicht infizieren, weil diese zu trocken sind. Doch sobald man Samen wässert und sie dadurch keimen lässt, ist das ganz anders: Aas im Kontakt mit quellenden Samen führt innerhalb von Stunden zu einer Infektions-Katastrophe. Vor diesem Fall warnte die Bibel ganz ausdrücklich.

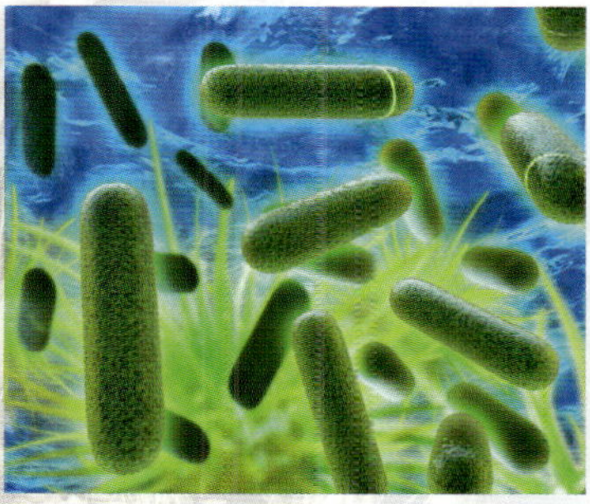

Legionellen

Bakterien und Fäkalien

»Und du sollst einen Platz außerhalb des Lagers haben, damit du dahin hinausgehest. Und du sollst eine Schaufel unter deinem Gerät haben. Und es soll geschehen, wenn du dich draußen hinsetzest, so sollst du damit graben, und sollst dich umwenden und deine Ausleerung bedecken.«

5. Mose 23,13–14 (1566 v. Chr.)

In 5. Mose 23 wurde Israel angewiesen, wie mit Fäkalien umgegangen werden sollte. Die Notdurft musste während der Wüstenwanderung außerhalb des Zeltlagers verrichtet werden. Die Exkremente mussten mithilfe einer Schaufel verscharrt werden.

Durch diese Anweisungen wurde Israel vor schlimmen Seuchen wie z. B. Typhus, Cholera und Ruhr bewahrt. Selbst in Europa war dieses Wissen bis zum Anfang des 20. Jahrhunderts nicht allgemein verbreitet. Noch bis ins 19. Jahrhundert sind in Militärlagern üblicherweise mehr Soldaten gestorben als auf dem Schlachtfeld, weil man nicht wusste, wie man korrekt mit dem Problem der Fäkalien umgehen sollte.
Durch das in den biblischen Anweisungen enthaltene Wissen hätte in der Vergangenheit eine Vielzahl von Menschen vor einem frühzeitigen Ableben bewahrt werden können.

Bakterien und tote Menschen

»Wer einen Toten anrührt, irgendeine Leiche eines Menschen, der wird sieben Tage unrein sein. … Und jeder, der auf freiem Felde einen mit dem Schwert Erschlagenen oder einen Gestorbenen oder das Gebein eines Menschen oder ein Grab anrührt, wird sieben Tage unrein sein. … und er soll seine Kleider waschen und sich im Wasser baden, und am Abend wird er rein sein.«

4. Mose 19,11.16.19 (1566 v. Chr.)

Das Gesetz Moses lehrte, dass der direkte Kontakt mit einer menschlichen Leiche verunreinige. Durch Waschen im Wasser der Ritualbäder konnte man sich davon reinigen. Das Gesetz schrieb ein kompliziertes Reinigungsritual vor, das neben seiner tiefen symbolischen Belehrung die Israeliten dazu antrieb, den Kontakt mit Toten auf ein absolutes Mindestmaß zu reduzieren.

Bis ins 19. Jahrhundert wurde die hinter diesem Gebot liegende Erkenntnis in der Wissenschaft sträflich ignoriert. Zeitweise starben bis zu 66 % der Wöchnerinnen dahin. Erst der jüdische Arzt Dr. med. Ignaz Semmelweis (1818–1865) forderte von seinen Studenten das gründliche Händewaschen, bevor sie im Gebärsaal des Krankenhauses bei Entbindungen mithalfen. Dadurch gelang es ihm, die Zahl der Todesfälle durch Kindsbettfieber auf seiner Abteilung drastisch zu senken.
Semmelweis erntete von vielen wissenschaftlichen Kollegen bittere Schmähungen, die dazu führten, dass er schließlich in einer Nervenklinik endete. Die anderen sahen kein Problem darin, dass man zuvor zu Forschungszwecken Leichen sezierte und danach mit ungewaschenen Händen bei Geburten assistierte.
Erst später gelang es Dr. med. Joseph Lister (1827–1912), hygienische Maßnahmen allgemein in die Medizin einzuführen.

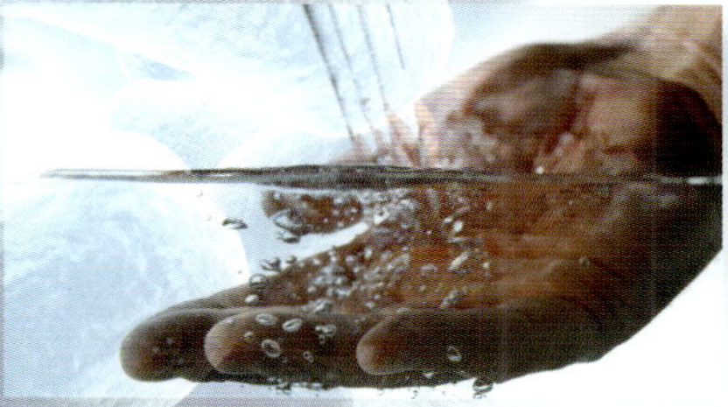

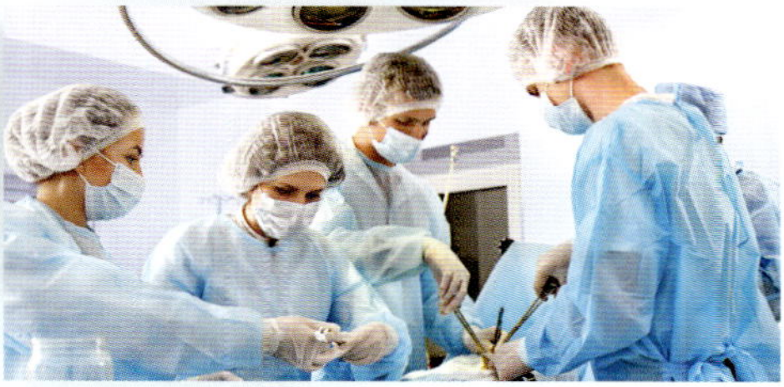

Bakterien und allgemeine Hygiene

»Und jeder, den der an Ausfluss Leidende anrührt,
und er hat seine Hände nicht im Wasser abgespült,
der soll seine Kleider waschen und sich im Wasser baden,
und er wird unrein sein bis an den Abend.«

3. Mose 15,11 (1605 v. Chr.)

In 3. Mose 15 und 17 wurde Israel belehrt, sich regelmäßig durch das Waschen in Ritualbädern von diversen Unsauberkeiten zu reinigen. In der Reinigung waren auch Kleider und Gebrauchsgegenstände mit eingeschlossen.

Eine solche Hygiene war in Europa bis in die moderne Zeit nicht allgemein praktiziert worden, was zu vielen unnötigen Krankheiten führte. Als z. B. 1347–1353 in Europa der »Schwarze Tod« (die Pest) wütete, wurden etwa 25 Millionen Menschen hinweggerafft. Doch unter den Juden gab es am wenigsten Epidemieopfer, weil niemand eine solche Körperhygiene pflegte wie sie. Als man sah, dass die Juden viel weniger betroffen waren, wurden sie angeklagt, die Verursacher der Pest gewesen zu sein, indem sie die Brunnen vergiftet hätten. Als Folge wurde etwa 1 Million Juden in Europa ermordet.

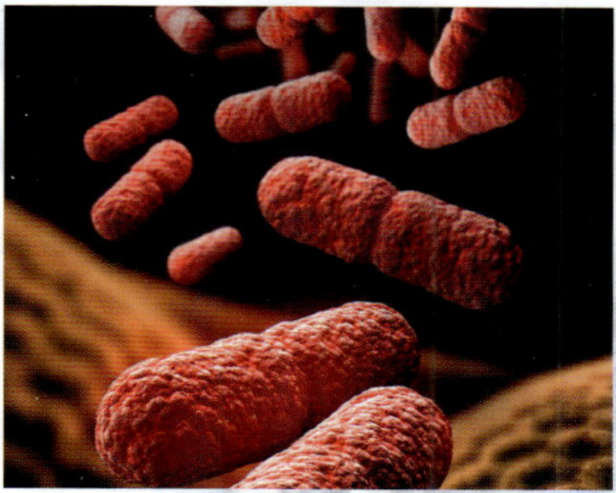

Ausgrabungsstelle eines jüdischen Ritualbads

Mose und die Weisheit der Ägypter

»Siehe, ich habe euch Satzungen und Rechte gelehrt,
so wie der HERR, mein Gott, mir geboten hat,
damit ihr also tut inmitten des Landes, wohin ihr kommt,
um es in Besitz zu nehmen. Und so beobachtet und tut sie!
Denn das wird eure Weisheit und euer Verstand sein
vor den Augen der Völker, welche alle diese Satzungen
hören und sagen werden: Diese große Nation ist ein
wahrhaft weises und verständiges Volk!«

5. Mose 4,5–6

Mose wurde im 17. Jahrhundert v. Chr. am Hof des Pharao in aller Weisheit der Ägypter unterwiesen.[1] Ägypten war damals die führende Zivilisation der Welt. Als Mose die ersten fünf Bücher der Bibel verfasste, ließ er sich allerdings keineswegs von den völlig fehlerhaften »wissenschaftlichen Erkenntnissen« seiner Zeit beeinflussen.

Der Papyrus Ebers entstand ca. 1550 v. Chr., also um die Zeit von Mose. Die darin genannten medizinischen Anweisungen enthalten viel »wissenschaftliche Weisheit« aus dem damaligen Ägypten, die uns heute schockiert und die ganz im Kontrast zur Weisheit der Bibel steht.

Die nachfolgenden Beispiele sollen dies illustrieren:

- Um graue Haare zu vermeiden, soll man den Kopf mit dem Blut eines schwarzen Kalbes bestreichen, das in Öl gekocht wurde, oder mit dem Fett einer Klapperschlange.
- Es werden Arzneimittel aus Eidechsenblut, Schweineohren, verfaultem Fleisch sowie aus Kot von Esel, Mensch und Katze empfohlen.

Mose übernahm nichts von diesen »Weisheiten« seiner Umwelt. Die Bibel blieb völlig unberührt von all diesen medizinischen Irrtümern.

[1] Apostelgeschichte 7,22

SCHLUSSFOLGERUNGEN

Die Botschaft der Bibel

»Lasst euch versöhnen mit Gott!«

2. Korinther 5,20 b

»Wenn wir unsere Sünden bekennen, so ist er treu und gerecht, dass er uns die Sünden vergibt und uns reinigt von aller Ungerechtigkeit.«

1. Johannes 1,9

»Denn also hat Gott die Welt geliebt, dass er seinen einzigen Sohn gab, damit jeder, der an ihn glaubt, nicht verlorengehe, sondern ewiges Leben habe.«

Johannes 3,16

Die Vorwegnahme zahlreicher moderner wissenschaftlicher Entdeckungen in der Bibel ist ein deutlicher Hinweis auf die göttliche Inspiration derselben. Während die Wissenschaft ständig korrigiert und neu orientiert werden musste und muss, brauchte die Bibel nie umgeschrieben zu werden. Sie behielt durch die Jahrtausende hindurch immer recht. Es lohnte sich, ihr zu vertrauen und ihr zu gehorchen, auch wenn man ihre Gebote nicht immer verstehen konnte.

Es gibt weitere wichtige Hinweise auf die Inspiration der Bibel wie z. B.:

- die innere Einheit der gesamten Heilsgeschichte und Lehre der Bibel;
- die erfüllte Prophetie (z. B. über 300 Prophezeiungen auf Jesus Christus hin, mehr als 200 Prophezeiungen über Weltgeschichte im Buch Daniel, mehr als 175 Prophezeiungen über »Endzeit«);
- die moralische Kraft und Autorität der Bibel;
- die lebensverändernde Wirkung der Bibel.

Es lohnt sich daher, der Bibel in allem zu vertrauen, weil sie sich immer als glaubwürdig erwiesen hat. Es wird dadurch auch klar, dass Gott durch die Bibel zu uns spricht und man letztendlich ihm vertraut, wenn man seinem inspirierten Wort vertraut.

Neben aller Logik und Weisheit, die in der Bibel enthalten ist, geht es in ihrer Botschaft vor allem um das Ziel, dass wir Gott erkennen. Die Bibel gibt uns Antworten auf die wesentlichen Fragen unseres Lebens. Die Erfahrung, dass die Bibel – Gottes Wort – ein »lebendiges Wort« ist, kann jeder machen, der sich mit aufrichtigem und offenem Herzen damit befasst.

Die Bibel sagt, dass wir mit Gott versöhnt werden müssen. Wir müssen Gott im Gebet unsere Schuld bekennen und bereuen. Jesus Christus starb als Stellvertreter an unserer Stelle, damit wir vor Gottes ewigem Gericht verschont werden können. Wer Jesus Christus bewusst als Retter und Herrn annimmt und von seinem eigenen falschen Weg umkehrt, wird dadurch mit Gott versöhnt und erhält völlige Vergebung und ewiges Leben.

BIBLIOGRAFIE (AUSWAHL)

- BIBLIA HEBRAICA STUTTGARTENSIA, Stuttgart, 4. Auflage 1990.
- BIBLEWORKS 8.0, Software for Biblical Exegesis & Research (http://www.bibleworks.com/).
- BRIEM, W.: Die Sterne und die Bibel, Hückeswagen 1970.
- DAVIDSON, B.: Analytical Hebrew and Chaldee Lexicon, London 1848.
- ELBERFELDER BIBEL, 1905.
- GESENIUS, W. / BUHL, F.: Hebräisches und aramäisches Handwörterbuch über das Alte Testament, 17. Auflage, Berlin, Göttingen, Heidelberg 1962.
- GESENIUS, W. / MEYER, R. / DONNER, H.: Hebräisches und aramäisches Handwörterbuch über das Alte Testament, bearbeitet. und herausgegeben. von Meyer, Rudolf und Donner, Herbert, 18. Auflage, Berlin, Heidelberg, NewYork, London, Paris, Tokyo, Bd. I: 1987, Bd. II: 1995.
- GOTTWALDT, W.: Wissenschaft contra Bibel?
- HÜTTERMANN, A. P. / HÜTTERMANN, A. H.: Am Anfang war die Ökologie, Naturverständnis im Alten Testament, München 2002.

Die Forschung
hat Verspätung
Bibel und
Wissenschaft
14. - 29.
November
2015
Eintritt
frei

Die Ausstellung

Wussten Sie eigentlich, wie viele wissenschaftliche Erkenntnisse schon in der Bibel zu finden sind?

Wussten Sie, wie viele bemerkenswerte Naturgegebenheiten erst Jahrtausende später von der modernen Forschung wissenschaftlich bestätigt worden sind?

Unsere Ausstellung bietet Ihnen die Möglichkeit sich näher mit den spannenden und verblüffenden Aussagen der Bibel zu befassen, wie z. B. über die Astrophysik, das Licht, die Kernspaltung und die Kernfusion.

Woher wussten eigentlich die Autoren der Bibel, dass …

- die Erde eine Kugel ist und über dem Nichts hängt?
- die Sterne unzählbar sind?
- der Hase wiederkäut?

Kommen Sie in unsere Ausstellung und entdecken Sie noch mehr faszinierende Aussagen, die Sie so nie erwartet hätten.

Es erwartet Sie:

- spannende Experimente
- interessante Präsentationen
- Mini-Planetarium
- Kaffee und Kuchen
- Kinderbetreuung

Abendvorträge

14. Nov 19:00 Uhr **Der Liebesbrief Gottes** Andreas Wall, BibelCenter Minden

15. Nov 17:00 Uhr **Die verstaubte Bibel und ihre Folgen** Andreas Wall, BibelCenter Minden

16. Nov 19:00 Uhr **Leben als Christ - wie geht das?** Dr. Lothar Gassmann

17. Nov 19:00 Uhr **Warum lässt Gott so viel Leid in der Welt zu?** Dr. Lothar Gassmann

19. Nov 19:00 Uhr **Das Wort Gottes ist lebendig** Bibellehrer Jakob Rempel

20. Nov 19:00 Uhr **Was sagt die Bibel über den rettenden Glauben?** Bibellehrer Jakob Rempel

21. Nov 19:00 Uhr **Kann der Mensch ewig leben?** Dr.med. Eduard Freitag

22. Nov 17:00 Uhr **Die Natur - ein Wunderwerk Gottes** Lehrer Andreas Steinmeister

23. Nov 19:00 Uhr **Die Schöpfung – Produkt des Zufalls oder eines genialen Plans?** Lehrer Andreas Steinmeister

24. Nov 19:00 Uhr **Wissenschaft und Bibel - ein Widerspruch?** Lehrer Andreas Steinmeister

26. Nov 19:00 Uhr **Die Eigenschaften Gottes** Bibelschullehrer Andreas Block

27. Nov 19:00 Uhr **Warum die ganze Bibel für mich vertrauenswürdig ist** Prof.Dr. Jacob Thiessen

28. Nov 19:00 Uhr **Jesus Christus - der (einzige) Weg, die (ganze) Wahrheit, das (einzige) wahre Leben** Prof.Dr. Jacob Thiessen

?. Nov ?:00 Uhr **Wer sind die Weisen? Wer sind die Törichten?** Prediger Emil Tetzlaw

Mo. - Fr. 15:00 - 18:00 Uhr
Sa. 10:00 - 18:00 Uhr
So. 14:00 - 16:00 Uhr

Vormittags (Mo. - Fr.) Führungen nach Absprache

Tel: 06151 - 460 77 95
info@bibel-wissenschaft.de
www.bibel-wissenschaft.de

Anfahrtsskizze

Sie erreichen den Parkplatz über den Benzweg 3.

„Bibel und Wissenschaft" Ausstellung

Gemeinde der
Evangeliums-Christen-Baptisten e.V.
Helfmannstrasse 61 - 64293 Darmstadt

- KÖHLER, L. / BAUMGARTNER, W.: Hebräisches und aramäisches Lexikon zum Alten Testament, 3. Auflage, Leiden, Lieferung I, 1967, Lieferung II, 1974, Lieferung III, 1983, Lieferung IV, 1990, Lieferung V (aramäisches Lexikon), 1995.
- KÖNIG, E.: Hebräisches und aramäisches Wörterbuch zum Alten Testament mit Einschaltung und Analyse aller schwer erkennbaren Formen, Deutung der Eigennamen sowie der massoretischen Randbemerkungen und einem deutsch-hebräischen Wortregister, Leipzig 1910.
- MORTON, J. S.: Die Wissenschaft hat Verspätung, Marburg an der Lahn 1979.
- LIDDELL, H. / SCOTT, R.: A Greek-English Lexicon, revised and augmented throughout by Sir Henry Stuart Jones, with the assistance of Roderick McKenzie, and with the co-operation of many scholars, with a supplement, Oxford 1992.
- MCMILLEN, S. J.: Vermeidbare Krankheiten, Argumente eines Arztes anhand der Bibel, 6. Auflage, Wuppertal 1973.
- MUNCASTER, R. O.: Science, Was the Bible Ahead of its Time? Eugene, Oregon 2000.
- PAILER, N. / KRABBE, A.: Der Vermessene Kosmos, Ursprungsfragen kritisch betrachtet, o.O. 2006.
- ROBINSON, M. A. / PIERPONT, W. G.: The New Testament in the Original Greek according to the Byzantine / Majority Textform, Introduction and appendix by the editors, executive editor W. D. McBrayer, Atlanta 1991.
- SANTA BIBLIA, REINA-VALERA, Revisión de 1909.
- SANTA BIBLIA, REINA-VALERA-GOMEZ, Revisión de 2004.

HINWEIS ZU DEN BIBELZITATEN

Die Bibelzitate erfolgen nach der alten Elberfelder-Übersetzung (Wuppertal-Elberfeld 1905), in einer durch Roger Liebi leicht revidierten Form.
Eckige Klammern innerhalb des Bibeltextes bezeichnen einen Einschub, der nicht Teil des Bibeltextes ist. Im Gegensatz dazu gehören Sätze bzw. Satzteile, die zwischen runden Klammern stehen, zum Bibeltext.
Der hebräische Gottesname »JHWH« wurde durch »der HERR« wiedergegeben.

DER AUTOR

Dr. theol. Roger Liebi, Jahrgang 1958, verheiratet mit Myriam, sechs Kinder,[1] studierte Musik (Konservatorium und Musikhochschule Zürich, Violine und Klavier), Sprachen der biblischen Welt (Griechisch, klassisches und modernes Hebräisch, Aramäisch, Akkadisch) sowie Theologie. Am Whitefield Theological Seminary in Florida (USA) absolvierte er das Doktoratsstudium und promovierte danach in den Fachbereichen Judaistik und Archäologie mit einer Dissertation über den Zweiten Tempel in Jerusalem. Von 2004 bis 2011 lehrte er als Hochschuldozent Archäologie Israels und des Nahen Ostens. Er ist als Bibellehrer und Referent in verschiedenen Ländern tätig. Im Rahmen von drei Projekten hat er als Bibelübersetzer mitgewirkt. Aus seiner jahrelangen Beschäftigung mit der Heiligen Schrift und mit angrenzenden wissenschaftlichen Gebieten ist eine Reihe von Veröffentlichungen hervorgegangen.

[1] Der älteste Sohn, Nathan Eljoenai, verstarb im Jahr 2009 bei einem tragischen Sportunfall in der Aare.

LITERATURLISTE DES AUTORS

- Der verheißene Erlöser, Messianische Prophetie – ihre Erfüllung und ihre historische Echtheit, 8. Auflage, Bielefeld 2012 (online: clv.de). Entspricht dem früheren Titel: Erfüllte Prophetie, Messianische Prophetie – ihre Erfüllung und historische Echtheit, 5. Auflage, Berneck 1990 (Erstauflage 1983). Übersetzungen: Englisch, Französisch, Holländisch, Italienisch, Ungarisch und Tadschikisch.

- Weltgeschichte im Visier des Propheten Daniel, 9. Auflage, Bielefeld 2014 (Erstauflage 1986). Übersetzungen: Französisch, Spanisch, Polnisch, Russisch, Slowakisch, Bulgarisch und Ungarisch (online: clv.de)

- Rockmusik! Daten, Fakten, Hintergründe, Ausdruck einer Jugend in einem sterbenden Zeitalter, 4. Auflage, Zürich 1995 (Erstauflage 1987).

- Introduction à la poésie hébraïque, in: Cahiers des REBS. No. 8, 1994 (= Übersetzung eines factum-Artikels von Mai 1988).

- Einführung in die vier Evangelien, Zürich 1990. Übersetzung: Italienisch und Ungarisch.

- Der Mensch – ein sprechender Affe?, Sprachwissenschaft contra Bibel, Berneck 1991.

- New Age! Kritische Bemerkungen zum gegenwärtigen Esoterik-Boom, Zürich 1991. Übersetzungen: Französisch, Ungarisch, Russisch, Slowakisch, Spanisch und Englisch.
- Wolfgang Amadeus Mozart, Zwischen Ideal und Abgrund, Berneck 1991.
- Défendre la foi chrétienne, in: Cahiers des REBS. No. 14, 1995 (Seminar 1991).
- Israel und das Schicksal des Irak, Unruheherd Nahost im Licht der Bibel, 7. Auflage, Berneck 2004 (Erstauflage 1993). Übersetzungen: Italienisch, Spanisch und Ungarisch.
- Das neue Europa – Hoffnung oder Illusion?, 6. Auflage, Berneck 2004 (Erstauflage 1994).
- Ist die Bibel glaubwürdig? Die Bibel – ihre Autorität und Zuverlässigkeit, Zürich 1995. Übersetzung: Ungarisch.
- Jerusalem – Hindernis für den Weltfrieden?, Das Drama des jüdischen Tempels, 6. überarbeitete Auflage, Bielefeld 2014 (Erstauflage 1994). Übersetzungen: Französisch, Holländisch und Ungarisch.
- La Palabra de Verdad – Unidad y Diversidad de la Biblia, Porto Alegre 2003.
- Hesekiel, Ezra Studienreihe, Pfäffikon / Düsseldorf 2011 (Koautor: Joël Prohin). Entspricht weitgehend dem französischen Original: Le prophète Ezéchiel, in: Sondez les Ecritures, Bd. 9, Koautor: Joël Prohin, Valence 1995.
- Livre des Proverbes, in: Sondez les Ecritures. Bd. 5, Koautor: Joël Prohin, Valence 1995.
- So entstand das Christentum: Die Welt der Evangelien und der Apostelgeschichte völlig neu erlebt. In: R. Liebi, D. Hunt, A. Seibel, N. Lieth: Biblische Prophetie – zeitnah – zeitwahr – zeitklar. Pfäffikon 2000, S. 9–39. Übersetzung: Portugiesisch.
- Ein neuer Blick auf die Passionswoche und ihren jüdischen Hintergrund, Das Schönste kommt noch – die himmlische Herrlichkeit im Buch der Offenbarung, in: L. Gassmann, N. Lieth, R. Liebi: Was uns die Zukunft bringt, Pfäffikon, 2002, S. 8–75.

- Der Messias im Tempel. Die Symbolik des Zweiten Tempels im Licht des Neuen Testaments, 2. Auflage, Bielefeld 2007 (Erstauflage 2002; online: clv.de). Übersetzungen: Französisch, Englisch.
- Herkunft und Entwicklung der Sprachen – Linguistik contra Evolution, 2. Auflage, Holzgerlingen 2007 (Erstauflage: 2003).
- Vertaling van Hosea, in: G. de Koning: Hosea actueel, Gods liefde en trouw, Doorn 2003, S. 8–36.
- Vertaling van Joël, in: G. de Koning: Joël actueel, God bestuurt de geschiedenis, Doorn 2003, S. 8–19.
- Vertaling van Amos, in: G. de Koning: Amos actueel, Gods toorn over de zonde, Doorn 2006, S. 9–28.
- Sprachenreden oder Zungenreden?, 3. Auflage, Bielefeld 2014 (Erstauflage 2006; online: clv.de).
- Leben wir wirklich in der Endzeit? Mehr als 175 erfüllte Prophezeiungen, 3. Auflage, Pfäffikon 2013 (Erstauflage: 2012). Übersetzungen: Englisch, Französisch, Portugiesisch.
- Bibel und Wissenschaft – Die Forschung hat Verspätung, 5. Auflage, Bielefeld 2015 (online: clv.de).

WEBSITE

Die persönliche Website des Autors mit Terminplan, Download-Angebot von Vortragsskripten etc. findet sich unter: www.rogerliebi.ch.

E-Mail-Adresse: info@rogerliebi.ch

VORTRÄGE

- Zahlreiche Vorträge des Autors können über www.edition-nehemia.ch als CD erworben werden.
- Unter www.sermon-online.de, www.clkv.ch, www.bibelklasse.de können sehr viele Vortragsdateien gratis heruntergeladen werden, z. T. zusammen mit Vortragsskripten bzw. PowerPoint-Präsentationen.

WANDERAUSSTELLUNG

Ausstellung »Bibel und Wissenschaft – Die Forschung hat Verspätung«

Zum Thema dieses Buches gibt es eine Wanderausstellung mit ca. 30 Roll-up-Bannern und Alu-Frames, die gerne zum Verleih zur Verfügung gestellt wird. Wenden Sie sich dazu bitte an Herrn Heinrich Thanner unter heinrich.thanner@live.de.
Weitere Informationen zur Ausstellung finden Sie unter www.bibelundwissenschaft.de.